SUCCESSION

DE

Madame la Vicomtesse de RAINNEVILLE

SUCCESSION

DE

Mme la Vicomtesse DE RAINNEVILLE

CATALOGUE
DES
OBJETS D'ART
ET
D'AMEUBLEMENT
DU XVIIIᵉ SIECLE
ORFÈVRERIE ANCIENNE ET MODERNE
BIJOUX
FAIENCES ET PORCELAINES
OBJETS DE VITRINE — ÉVENTAILS — DENTELLES
PENDULES — BRONZES
Sièges et Meubles en bois de placages et bois sculptés
SCULPTURES — OBJETS VARIÉS
TAPISSERIES
TABLEAUX ANCIENS ET MODERNES
GRAVURES

Le tout dépendant de la Succession de
Madame la Vicomtesse de RAINNEVILLE
ET DONT LA VENTE AURA LIEU
HOTEL DROUOT, SALLE N° 6
Les Lundi 1ᵉʳ, Mardi 2, Mercredi 3 et Jeudi 4 Mars 1909
à deux heures

COMMISSAIRE-PRISEUR : Mᵉ **ANDRÉ COUTURIER**, 56, rue de la Victoire
Successeur de M. TUAL

EXPERTS

Pour les Objets d'art :
M. LÉON HELFT
34, rue Lafayette

Pour les Tableaux :
M. J. FÉRAL
7, rue Saint-Georges

Pour les Bijoux :
MM. FALIZE FRÈRES, Joailliers, 6, rue d'Antin

EXPOSITIONS, SALLES 5 ET 6 RÉUNIES
PARTICULIÈRE : *Le Samedi 27 Février 1909*, de 1 h. 1/2 à 5 h. 1/2.
PUBLIQUE : *Le Dimanche 28 Février 1909*, de 1 h. 1/2 à 5 h. 1/2.

CONDITIONS DE LA VENTE

Elle sera faite au comptant.

Les adjudicataires paieront *dix pour cent* en sus des enchères.

Les expositions mettant le public à même de se rendre compte de l'état et de la nature des objets mis en vente, aucune réclamation ne sera admise une fois l'adjudication prononcée.

ORDRE DES VACATIONS

Lundi 1er Mars

Bijoux.	37 à 58
Orfèvrerie (Partie).	59 à 113

Mardi 2 Mars

Aquarelles, Dessins, Pastels, Gravures, Tableaux	1 à 36
Orfèvrerie (Fin).	114 à 164
Dentelles et Broderies	165 à 194

Mercredi 3 Mars

Anciennes Porcelaines de la Chine et du Japon	195 à 220
Porcelaines diverses, Objets de vitrine, Éventails	221 à 268
Sculptures, Coffrets.	269 à 285
Pendules, Bronzes d'art et d'ameublement (Partie).	286 à 299

Jeudi 4 Mars

Fin des Pendules et Bronzes.	300 à 329
Sièges, Paravents, Écrans, Glaces	330 à 350
Meubles	351 à 411
Tapisseries, Tapis, Étoffes.	412 à 418

Paris. — Imp. de l'Art, Ch. Berger, 41, rue de la Victoire.

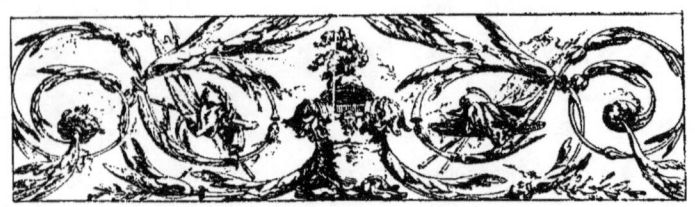

DÉSIGNATION

AQUARELLES, DESSINS
PASTELS, GRAVURES

LEMAIRE
(Mme MADELEINE)

1 — *Bourriche de fleurs.*
>   Aquarelle.
>   Signée à droite.

LÉPICIÉ
(Attribué à)

2 — *Fillette en buste coiffée d'un bonnet.*
>   Dessin au crayon noir et à l'estompe.

LE PRINCE
(JEAN-BAPTISTE)

3 — *Pastorale.*

    Dessin au bistre.
    Signé à droite.

LE PRINCE
(JEAN-BAPTISTE)
(DEUX PENDANTS)

4-5 — *Bergers et animaux.*

    Dessins au bistre.
    Signés et datés : *1769.*

MOUREAU
(PIERRE)
(DEUX PENDANTS)

6 — *L'Été.*

7 — *L'Hiver.*

    Aquarelles gouachées.

PERELLE

8-9 — *Deux gravures.*

    Cadres en bois sculpté

VERNET
(D'après JOSEPH)

10 — *Les Ports de France.*

    Suite de gravures.

ÉCOLE FRANÇAISE
(xviiie siècle)

11 — *Portrait de Le Grouyn de Treygnac.*

    Pastel.
    Cadre en bois sculpté.

ÉCOLE FRANÇAISE
(xviiie siècle)

12 — *Gentilhomme en habit rouge.*

    Pastel.

ÉCOLE FRANÇAISE
(xviiie siècle)

13 — *Portrait de Jeune Femme coiffée d'un voile blanc.*
   Pastel.

14 — *Gravures de l'École Française du* xviiie *siècle.*

14 bis — *Gravures anglaises en couleurs.*
   Scènes de sport.

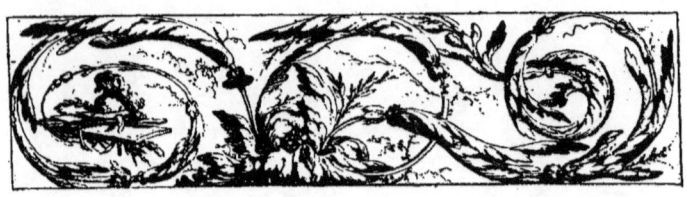

TABLEAUX ANCIENS
ET MODERNES

CHAIGNEAU
(F.)

15 — *Brebis et son agneau.*
    Signé à droite.

CAIN
(HENRI)

16 — *Étude de Cardinal.*
    Signé à droite.

FLAMENG
(AUGUSTE)

17 — *Marine.*
    Signé à gauche.

HUMBERT
(F.)

18 — *Portrait de la Vicomtesse de Rainneville.*
    Signé à droite.

LE MAITRE DES DEMI-FIGURES
(D'après)

19 — *Jeune Femme écrivant.*

MARLET

20 — *Famille dans un intérieur.*

MARTIN
(PIERRE)
(DEUX PENDANTS)

21-22 — *Scènes de camp.*

MEISSONIER
(E.)

23 — *Étude de cheval de selle.*
Signé du monogramme.

MEISSONIER
(E.)

24 — *Étude de cheval.*
Signé du monogramme.

MIGNARD
(École de)
(DEUX PENDANTS)

25 — *Portrait d'un Conseiller au Parlement.*
26 — *Portrait de Femme couverte d'un manteau bleu.*
Cadres en bois sculpté.

MIGNARD
(École de)

27 — *Portrait de Femme en corsage brodé d'or.*
    Toile de forme ovale.
    Cadre en bois sculpté.

MIGNARD
(École de)

28 — *Portrait de Femme en corsage blanc brodé d'or*

MONNOYER
(Attribué à BAPTISTE)

29 — *Un Vase de fleurs.*
    Cadre en bois sculpté.

RIGAUD
(École de)

30 — *Portrait de Femme en corsage bleu.*

ROUSSEAU
(PHILIPPE)

31 — *Oranges.*
    Signé des initiales.

STEVENS
(ALFRED)

32 — *Sur la plage.*
   Signé et daté : *1895.*

WASHINGTON
(GEORGES)

33 — *Cavalier arabe.*
   Signé des initiales.

ÉCOLE FRANÇAISE
(xviiie siècle)

34 — *Portrait de Femme tenant des gants.*
   Cadre en bois sculpté.

ÉCOLE ITALIENNE
(xviie siècle)

35 — *La Madeleine en méditation.*

36 — Sous ce numéro, qui sera divisé, seront vendus des Tableaux, Dessins, Cadres en bois sculptés.

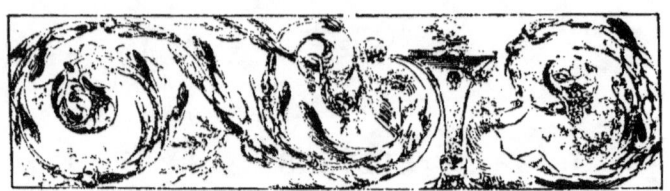

BIJOUX

37 — Broche joaillerie, composée d'un chaton brillant entouré de douze brillants, et agrémentée de cinq pampilles poires brillants.

38 — Deux boutons d'oreilles brillants solitaires.

39 — Étoile à six branches, toute pavée en brillants.

40 — Deux petits pendentifs en brillants, formés chacun d'un motif ruban et feuillage, et portant trois pendeloques poires, serties en brillants.

41 — Applique joaillerie, formée d'une M sertie en brillants et surmontée d'une couronne en brillants.

42 — Aigrette joaillerie, à chatons pampilles, saphirs et brillants.

43 — Peigne portant une barrette de vingt-deux perles fines. Monture écaille blonde.

44 — Paire de boutons d'oreilles, chaton saphir portant quatre brillants accolés.

45 — Boutons d'oreilles, petits brillants solitaires.

46 — Bague rivière, ornée d'un brillant, d'une émeraude et d'un rubis.

47 — Bague rivière, composée d'un saphir entre deux brillants.

48 — Bague jonc, ornée de six roses anciennes.

49 — Bague brillant long, entouré de petites turquoises.

50 — Grande broche : « Diane chasseresse », plaque d'argent vierge repoussé et ciselé, entourée d'or.

51 — Médaillon en pâte tendre. Monture d'or.

52 — Montre d'or à cylindre, chiffre d'émail champlevé.

53 — Chaine de montre Figaro, or et platine.

54 — Petit pendentif, vase de fleurs, or et pierres de fantaisie, avec chaînette tour de cou en or et perles fines.

55 — Paire de boutons de manchettes en ors de couleur. Attributs Louis XVI.

56 — Collier d'or serpent souple.

57 — Chaine russe, en argent.

58 — Chaine russe, en argent doré.

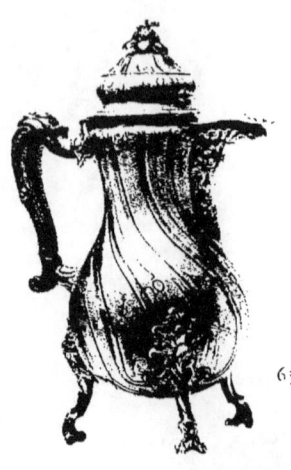
65

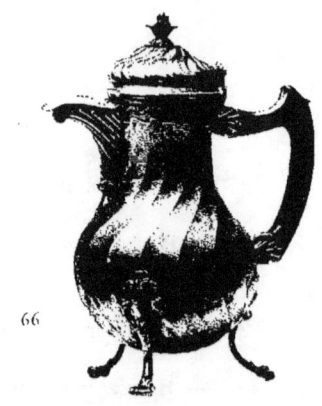
66

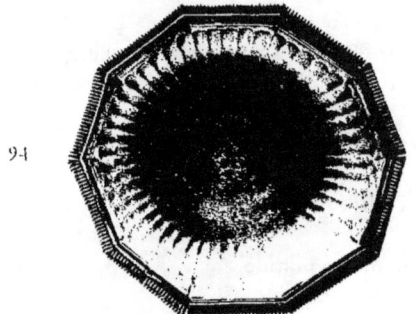
94

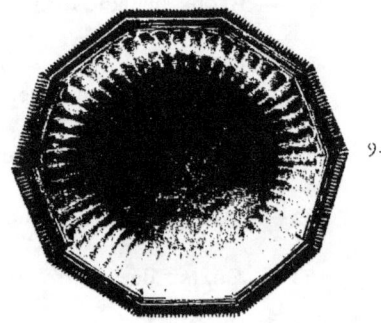
94

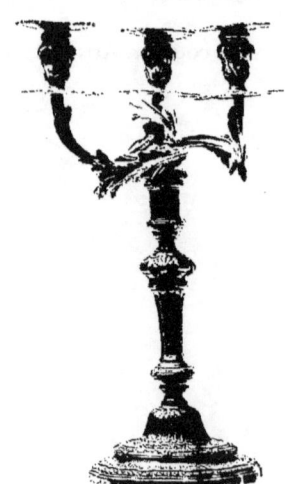
61

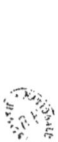

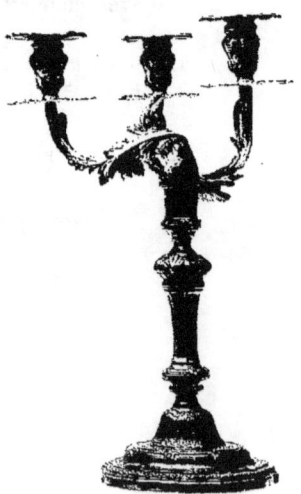
61

Phototypie Berthaud, Paris.

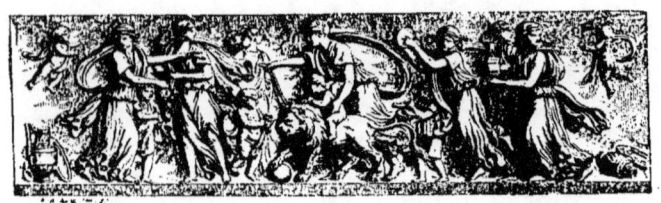

ORFÈVRERIE ANCIENNE
ET MODERNE

59 — Paire de flambleaux en argent, à tiges trépied. Fin du xviiie siècle.

60 — Paire de flambeaux en argent. Vieux Paris. Époque Louis XV.

61 — Paire de girandoles, à trois lumières, en argent. Vieux Paris. Poinçons de *J. Berthe*, sous-fermier des droits de marque. Année 1755-56.

62 — Deux statuettes : Minerve et Mars, formant flacons, en argent partiellement doré. Travail italien du xviie siècle.

63 — Écuelle avec anse, de l'époque Louis XV. Vieux Paris.

64 — Six gobelets en argent.

65 — Grande verseuse en argent, de l'époque Louis XV.

66 — Grande verseuse en argent, de l'époque Louis XV.

67 — Petite cafetière en argent. Vieux Paris.

68 — Petite cafetière en argent. Vieux Paris.

69 — Petit poivrier. Louis XV.

70 — Petit légumier, de l'époque Empire.

71 — Deux huiliers en argent, avec guirlandes. Louis XVI

72 — Moutardier en argent. Vieux Paris.

73 — Verseuse en argent. Vieux Paris.

74 — Chocolatière en argent. Vieux Paris.

75 — Moutardier en argent, du xviiie siècle.

76 — Soupière, sans couvercle, en argent, du temps de Louis XVI. Vieux Paris.

77 — Sucrier, à guirlandes, en argent. Vieux Paris. Double fond en verre bleu.

78 — Moutardier, avec plateau, de l'époque Louis XVI, en argent. Vieux Paris. Double fond en verre bleu.

79 — Moutardier en argent. Vieux Paris.

80 — Saucière Louis XV en argent. Vieux Paris.

81 — Saucière, copiée sur la précédente, et deux plateaux en argent.

82 — Pot a eau en argent, de l'époque Louis XVI. Vieux Paris.

83 — Cafetière en argent. Epoque Empire.

84 — Cafetière en argent. Epoque Empire.

85 — Onze timbales unies en argent.

86 — Huilier en vieil argent.

87 — Soupière en argent, avec couvercle en métal argenté.

88 — Six salières en argent. Epoque Louis XVI. Vieux Paris.

89 — Trois salières, avec couvercles à coquille, en argent. Époque Louis XIV. Vieux Paris.

90 — Quatre salières, de même modèle, en argent. Époque Louis XIV.

91 — Quinze salières, de l'époque Louis XIV, en argent.

92 — Plat carré en argent. Vieux Paris.

93 — Plat, analogue au précédent.

94 — Deux plats à godrons, de l'époque Louis XIV, en argent. Vieux Paris.

95 — Deux plats ronds en argent, à godrons.

96 — Trois plats ronds en argent.

97 — Trois plats ronds en argent.

98 — Trois plats ronds en argent.

99 — Trois plats ronds en argent.

100 — Quatre plats longs en argent.

101 — Quatre plats longs en argent.

102 — Trois plats ronds en argent, de différentes dimensions.

103 — Trois plats ronds en argent, de différentes dimensions.

104 — Trois plats ronds anciens en argent.

105 — Deux plats anciens en argent étranger.

106 — Plat long en argent. Vieux Paris.

107 — Deux plats ronds anciens en argent.

108 — Plat rond en argent. Vieux Paris.

109 — Plat rond en argent. Vieux Paris.

110 — Deux plats ronds en argent. Vieux Paris.

111 — Plat rond en vieil argent.

112 — Plat rond en argent. Vieux Paris.

113 — Grand plateau rectangulaire, à guirlandes, en argent étranger.

114 — Pot a lait et sucrier en argent.

115 — Deux salières en argent étranger.

116 — Petite coupe et tasse en argent.

117 — Pot a lait en argent étranger.

118 — Deux bouilloires en argent.

119 — Paire de légumiers en argent, dont un avec double fond en métal argenté.

120 — Deux pots a lait en argent.

121 — Légumier en argent.

122 — Coupe en argent, avec un double fond en verre bleu.

123 — Boite a thé en argent doré.

124 — Lot, comprenant : seau en argent avec double fond en verre, deux coupes en argent, un sucrier, une lampe de réchaud en argent.

125 — Deux raviers en argent.

125 *bis* — Bol en argent, à godrons.

126 — Deux vases en argent, avec double fond en verre bleu.

127 — Sucrier, théière, cafetière, pot a lait en argent, de la *Maison Aucoc*.

128 — Dix-huit couverts armoriés sur les deux faces en vieil argent.

129 — Vingt-quatre cuillers à café en argent.

130 — Six couverts à entremets, à coquilles, en argent. Vieux Paris.

131 — Quatre couverts en vieil argent, de différents modèles.

132 — Douze couverts en argent.

133 — Vingt-quatre couverts en argent.

134 — Service a thé en argent doré, de la *Maison Odiot*.

135 — Vingt-quatre couverts dépareillés en argent.

136 — Douze couverts en argent.

137 — Vingt-neuf couverts dépareillés en argent.

138 — Trente-trois fourchettes en argent.

139 — Vingt fourchettes en argent.

140 — Lot, comprenant : flacon, nécessaire, coupe-papier, gobelet de voyage, bougeoir, plat en argent repoussé.

141 — Nécessaire de voyage Empire en argent.

142 — Pendule de voyage, de la *Maison Paul Garnier*. (Monture argent.)

143 — Réchaud en argent.

144 — Douze cuillers à œufs en argent doré.

145 — Trente-huit pièces en argent : louches, cuillers, pinces à sucre, etc.

146 — Douze cuillers à café en argent.

147 — Six couverts et six cuillers à café en argent.

148 — Vingt couteaux, à manches d'ivoire, de la *Maison Boin-Taburet*.

149 — Douze fourchettes à huître en argent et manches d'ivoire.

150 — Douze couteaux Louis XVI, à manches de nacre, dont six lames en argent.

151 — Seize couteaux Louis XVI, à lame d'argent, manches en bois noir.

152 — Service en argent vermeillé, comprenant : vingt-quatre couverts à entremets, vingt-quatre cuillers à café, deux cuillers à sucre, deux pelles à crème, une pince à sucre.

153 — Douze verres avec bases en argent étranger.

154 — Une louche, trois cuillers à ragout et deux fourchettes en argent.

155 — Lot de différentes pièces d'argenterie.

156 — Autre lot, comprenant différentes pièces en argent.

157 — Six douzaines et demie de couteaux, à manches en argent.

158 — Treize couteaux Empire, à manches de nacre et argent.

159 — Lot, comprenant : seize couteaux à dessert à lames d'argent, cinq couteaux à lames d'acier, dix couteaux de table.

160 — Six fourchettes à huître en argent, à manches d'ivoire et six pièces à hors-d'œuvre en argent et manches d'ivoire.

161 — Lot, comprenant différentes pièces en métal argenté. (Sera divisé.)

162 — Service à poisson. (Quatre pièces en argent.)

163 — Douze couteaux, à lames d'argent.

164 — Nécessaire, comprenant : douze couteaux à lames d'acier et manches agate, dix-huit couteaux à lames d'argent et manches agate. Dans un écrin en acajou.

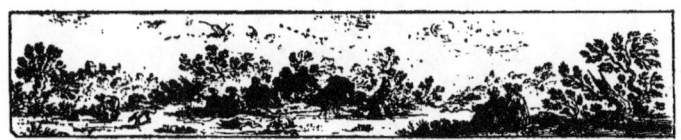

DENTELLES ET BRODERIES

165 — Neuf taies d'oreiller en toile brodée.

166 — Cinq bandeaux de toile brodée.

167 — Fort lot de guipure noire, dentelle de Chantilly. (Sera divisé.)

168 — Huit chemises en batiste, garnies de dentelle.

169 — Trente mouchoirs, garnis de dentelle. (Sera divisé.)

170 — Mouchoir brodé.

171 — Trois mètres cinquante centimètres, point à l'aiguille.

172 — Trois mètres vingt centimètres, dentelle de Binche.

173 — Deux mètres vingt-cinq centimètres, point d'Argentan en deux coupes.

174 — Un mètre vingt centimètres, point d'Alençon. (Haut., 8 cent.)

175 — Barbe, dentelle de Binche.

176 — Barbe, point d'Argentan.

177 — Col, point de Venise.

178 — Sept mètres, application en deux coupes.

179 — Quatre mètres soixante-quinze centimètres, application d'Angleterre. (Haut., 35 cent.)

180 — Pointe en ancienne guipure de Milan.

181 — Écharpe en point à l'aiguille.

182 — Petite pointe, application d'Angleterre.

183 — Pointe, application d'Angleterre.

184 — Voile de fauteuil en Venise, au lacet.

185 — Deux mètres cinquante centimètres, dentelle de Flandre.

186 — Six mètres trente centimètres, point de Flandre en cinq coupes.

187 — Trois mètres vingt centimètres, entre-deux en Milan ancien.

188 — Trois mètres quatre-vingts centimètres, point d'Angleterre. (Haut., 25 cent.)

189 — Trois mètres trente-cinq centimètres, point d'Angleterre.

190 — Col de Venise, point à la rose.

191 — Trois mètres vingt-cinq centimètres, point de Flandre en deux coupes.

192 — Quatre mètres soixante centimètres, point d'Angleterre.

193-194 — Lot important de draps, service de table, etc. (Sera divisé.)

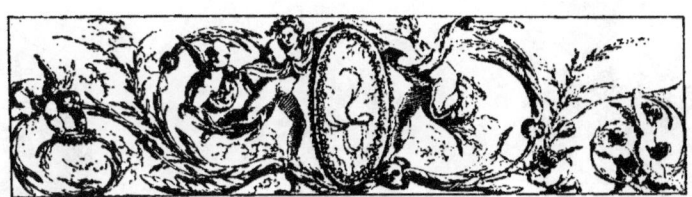

ANCIENNES PORCELAINES
DE LA CHINE ET DU JAPON

195 — Gros vase piriforme, à anses-têtes de dragons, en ancien flambé violet de la Chine. Base en bronze doré, de la *Maison Dasson*.

196 — Grande potiche en ancienne porcelaine de Chine, époque Kien-lung, émaillée brun à l'imitation du bronze, avec parties tachées bleu-clair ; décor en relief composé de rinceaux. Couvercle en bois ajouré, à bouton de cristal de roche.

197 — Deux chats couchés en ancien céladon bleu-turquoise de la Chine ; les yeux sont incrustés en verre. Base Louis XV en bronze doré.

198 — Deux perruches en ancienne porcelaine de la Chine, émaillées sur biscuit en vert, jaune et violet. Base Louis XV en bronze doré.

199 — Deux chiens de Fô, assis et portant un globe, en ancien céladon bleu-turquoise de la Chine. Base en bronze doré à motifs rocaille.

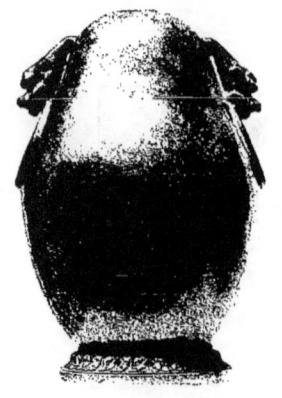

195

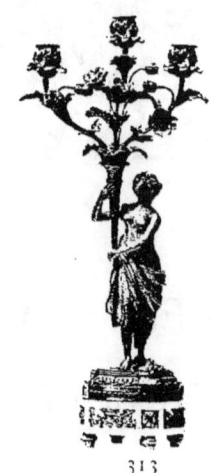

313

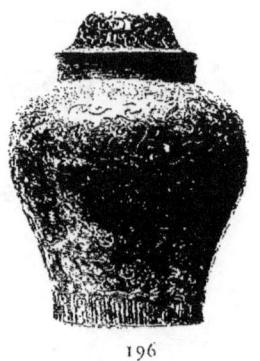

196

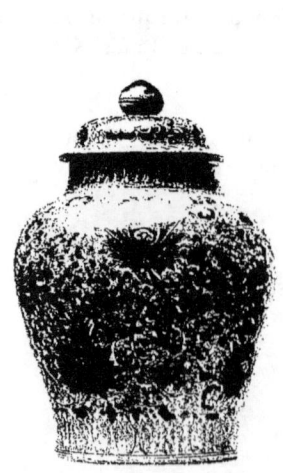

216

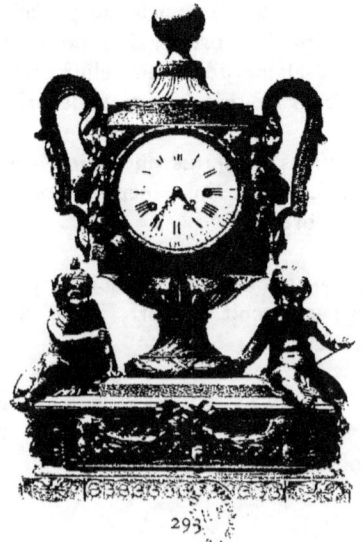

293

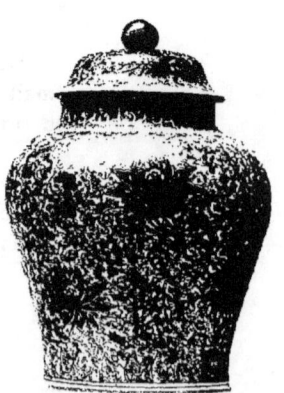

216

Phototypie Bertrand, Paris

200 — Paire de pots ovoides, avec couvercles, à décors de dragons, d'oiseaux, de fleurs et d'ustensiles en couleur et dorure sur fond noir. Chine.

201 — Jardinière octogone en ancienne porcelaine de la Chine, famille rose, à décors de compartiments contenant des ustensiles et des branches fleuries. Base en bronze doré, de la *Maison Dasson*.

202 — Bouteille en ancien céladon bleu-turquoise de la Chine, flambé bleu. Base en bronze doré, de la *Maison Dasson*.

203 — Bouteille en ancienne porcelaine de la Chine, émaillée rouge haricot. Base en bronze doré.

204 — Bol en ancien céladon vert de la Chine; monture en bronze doré, anses formées de dauphins.

205 — Coquilles en ancienne porcelaine de la Chine, de la famille verte, à décors de vases et branches fleuries. Monture en bronze doré.

206 — Grand bol en ancien céladon de la Chine, vert-clair craquelé. Le bord supérieur garni d'un bronze de style Louis XV.

207 — Sucrier, de forme trilobé, en ancienne porcelaine de la Chine, famille rose. Extérieur présentant l'aspect d'un grillage.

208 — Vase, de forme ovoïde, en porcelaine de la Chine, rouge flambé. Monture en bronze doré.

209 — Vase en ancienne porcelaine de la Chine, à relief, fond violet et bleu-turquoise. Monture en bronze doré.

210 — Petit vase, forme balustre, en porcelaine de la Chine, bleu-turquoise mouchetée. Monture en bronze doré.

211 — Petit vase en porcelaine de la Chine, imitant le granit. Monture en bronze doré, signée : *H. Dasson, 1879.*

212 — Grand vase, forme balustre, à six pans, en ancienne porcelaine de la Chine, à décor de paysages en bleu.

213 — Bouteille en ancienne porcelaine de la Chine, décors d'arabesques en bleu.

214 — Bouteille en ancien céladon turquoise de la Chine. Monture en bronze doré.

215 — Autre bouteille en ancien céladon bleu tacheté de la Chine.

216 — Paire de grosses potiches à couvercles en ancienne porcelaine du Japon, à décors de fleurs et ornements en bleu et rouge et rehauts de dorure.

Haut., 56 cent.

217 — Paire de grosses potiches en ancienne porcelaine de la Chine : grandes branches de cerisier et nombreux oiseaux, décors bleu.

218 — Gros porte-bouquet en porcelaine de Chine, rouge haricot, à cinq tubulures. Base en bronze doré.

219 — Nombreuses bouteilles, vases, cache-pot en ancien céladon de la Chine, de différentes couleurs (Sera divisé.)

220 — Environ deux cents assiettes en ancienne porcelaine de Chine, à décor bleu.

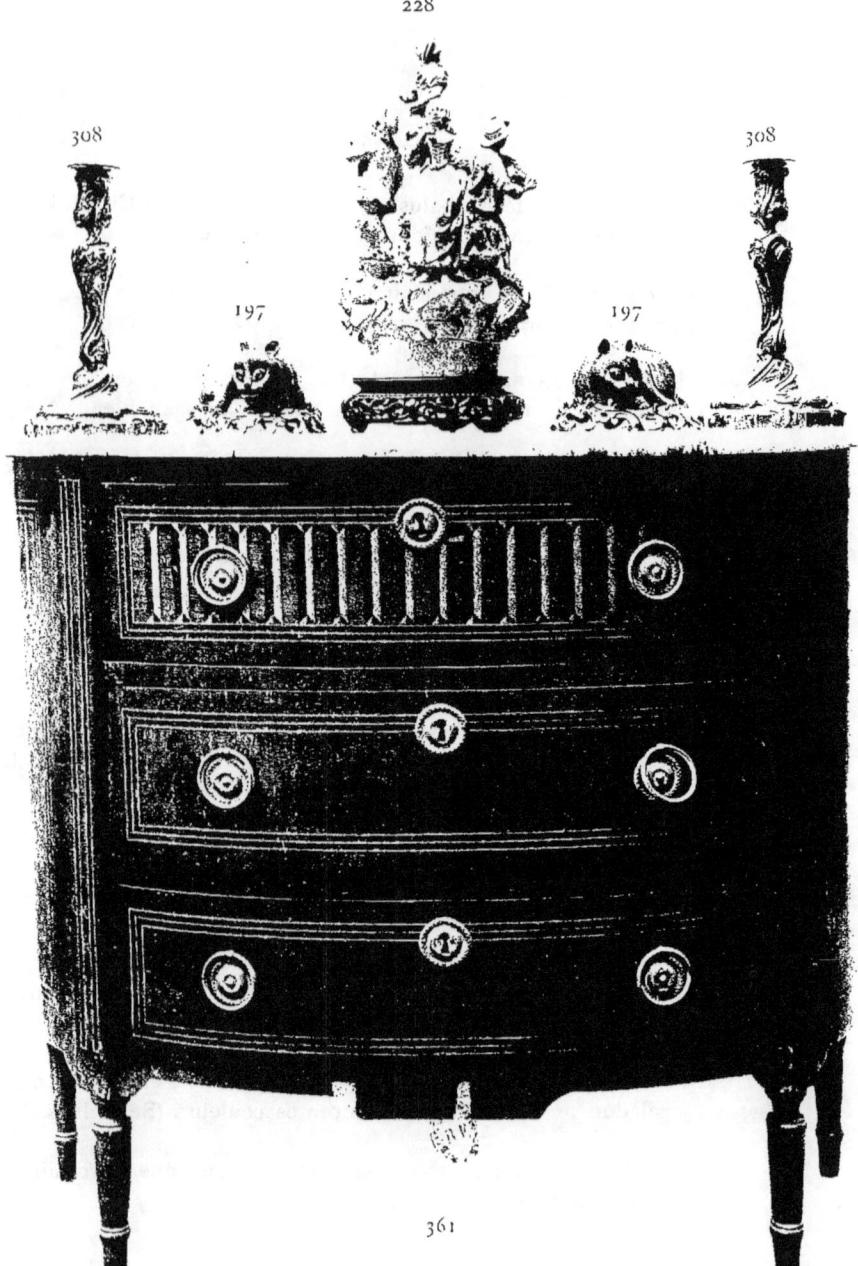

PORCELAINES DIVERSES
OBJETS DE VITRINE, ÉVENTAILS

221 — Figurine en ancienne porcelaine de Saxe : personnage de la Comédie italienne, en tunique blanche et culotte jaune.

222 — Lot d'assiettes et compotiers en porcelaine de Saxe.

223 — Petit flacon en ancienne porcelaine de Saxe, simulant un chien reposant sur une base ornée de fleurettes.

224 — Figurine en ancienne porcelaine de Chelsea : fillette debout tenant un chat coiffé d'un bonnet.

225 — Quatre figurines d'enfants en ancienne porcelaine de Chelsea.

226 — Deux plateaux et seize pots a sorbet, décorés de roses, en ancienne porcelaine de Sèvres.

227 — Deux figurines en ancienne porcelaine de Berlin : enfant tenant un poisson et fillette dansant.

228 — Important groupe en ancien biscuit tendre de Mennecy, formé de quatre personnages disposés sur un tertre, sur lequel repose des corbeilles de fleurs, des vases et autres attributs de jardinage. (Marqué sous le groupe D. V. en creux.)

229 — Sous ce numéro, différentes figurines, animaux et objets divers en porcelaine.

230 — Flacon en crital gravé : vases de fleurs et navires; garniture d'argent gravé. Allemagne, xviie siècle.

231 — Presse-papier, formé d'un sphinx, en marbre rouge antique. Bordure en bronze doré. xviiie siècle.

232 — Boite ronde en écaille, garnie d'or. Epoque Louis XVI.

233 — Boite ronde en écaille blonde, avec miniature de jeune fille. Epoque Empire.

234 — Boite analogue à la précédente.

235 — Boite ronde Louis XVI en écaille blonde, avec grisaille : chien et enfant.

236 — Boite ronde, de l'époque Louis XVI, avec miniature de femme.

237 — Boite ronde en écaille, avec miniature.

238 — Bague, ornée d'une miniature d'enfant. Epoque Louis XVI.

239 — Montre Louis XVI émaillée, avec entourage de perles.

240 — Montre Louis XVI en or.

241 — Cassolette, clé et cachet en or, de l'époque Louis XVI, garnis de roses.

242 — Petite tabatière en or. Empire.

243 — Dé en or, de l'époque Louis XVI.

244 — Etui Louis XVI en pomponne.

245 — Carnet de bal Louis XVI en nacre, monture et application d'argent.

246 — Miniature de femme. Epoque Louis XVI.

247 — Quatre étuis et un flacon. Epoque Louis XVI.

248 — Sous ce numéro, dix-huit miniatures. (Ce lot sera divisé.)

249 — Quarante jetons en argent.

250 — Pomme de canne en or, de l'époque Louis XVI.

251 — Canne à pomme d'or gravé. xviiie siècle.

252 — Epée de cour, de l'époque de la Restauration, à fusée de nacre.

253 — Sous ce numéro, canne, sabre, ombrelles. (Sera divisé.)

254 — Eventail, du temps de Louis XVI, à monture d'ivoire peinte et dorée, avec applications de nacre, présentant, ainsi que la feuille, une allégorie du mariage du Dauphin et de Marie-Antoinette.

255 — Eventail, du temps de Louis XV, à monture ajourée, ornée de personnages et rocaille. Feuille à sujet allégorique et à fleurs.

256 — Eventail, du temps de Louis XV, à monture d'ivoire ajourée et sculptée; sur la feuille : fête champêtre dans la manière de Teniers.

257 — Eventail, du temps de Louis XVI, à monture d'ivoire : feuille de soie rehaussée de paillettes.

258 — Eventail, du temps de Louis XVI, à monture d'ivoire ornée de fleurs; sur la feuille : personnages chinois et fleurs.

259 — Eventail Empire, à monture d'ivoire; feuille à sujets romains.

260 — Eventail, du temps de Louis XV, à monture d'écaille et d'ivoire argentée et dorée; sur la feuille : personnages chinois et fleurs.

261 — Eventail en ivoire ajouré.

262 — Eventail, à monture d'ivoire, feuille en dentelle.

263 — Eventail Louis XV, à monture de nacre, dorée et ajourée; sur la feuille : sujet champêtre.

264 — Eventail, du temps de Louis XVI, à monture de nacre ajourée, peinte et dorée; feuille de soie peinte, rehaussée de paillettes à sujets galants, fleurs, fruits et attributs.

265 — Très jolie monture d'éventail, du temps de Louis XV, en ivoire ajouré, peint et doré, avec application de nacre.

266 — Eventail chinois en ivoire très délicatement sculpté et ajouré, présentant une frise de personnages à la partie supérieure et une scène animée d'un grand nombre de personnages dans un parc.

267 — Six éventails du xviiie siècle, à monture d'ivoire et feuille peinte.

268 — Sous ce numéro, quatre éventails.

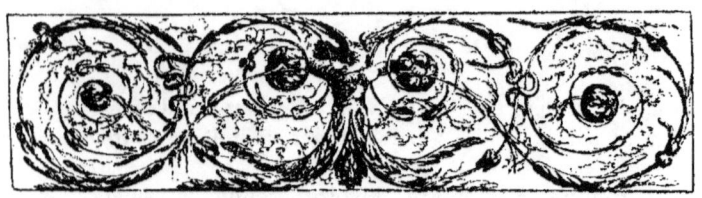

SCULPTURES

COFFRETS

269 — Vasque ovale en marbre brèche violette, à anses-mascarons pris dans la masse. Époque Régence.

Haut., 40 cent.; larg., 75 cent.

270 — Buste de marbre blanc, grandeur nature : guerrier, de style antique. xviie siècle.

271 — Ancien buste de femme en terre cuite peinte, coiffure et costume à l'antique. Piédouche en marbre.

272 — Taureau en marbre blanc, de style antique.

Haut., 53 cent.; larg., 61 cent.

273 — Vierge en noyer sculpté, reposant sur une base en bronze doré, ornée sur sa façade d'une tête d'amour ailé.

274 — Vierge en buis, du xviie siècle; elle porte dans ses bras l'Enfant, qui tient la boule.

Haut., 35 cent.

275 — Grand encrier de bureau en ébène et incrustations de cuivre. Époque Louis XIV.

276 — Grand écritoire en bois noir incrusté de cuivre, avec bordure, avec contre-motif en certosine, s'ouvrant à tiroir sur le côté.

277 — Boîte en bois sculpté, à décors de compartiments de fleurs avec attributs de l'Amour dans des médaillons sur les côtés. Travail de *Bagard de Nancy*. xviie siècle.

278 — Deux petits coffrets, de *Bagard de Nancy*.

279 — Grand coffret en bois sculpté, surmonté d'un lion et décoré de rinceaux, de mascarons, ainsi que de cariatides aux angles. Travail italien du xvie siècle.

280 — Petit coffret à bijoux, simulant une commode, en bois noir, à marqueterie d'ivoire et d'étain sur fond de cuivre.

281 — Grand coffret à dentelles en marqueterie, corbeilles de fleurs et ornements divers, par *Hache de Grenoble*.

282 — Sous ce numéro, boîtes, coffret et nécessaire en bois noir, marqueterie, bois de racine, etc.

283 — Colonne en marbre ranz, reposant sur une base carrée.

284 — Plusieurs supports-appliques, des époques Louis XV et Louis XVI.

285 — Christ en bronze doré, sur croix, avec application d'écaille.

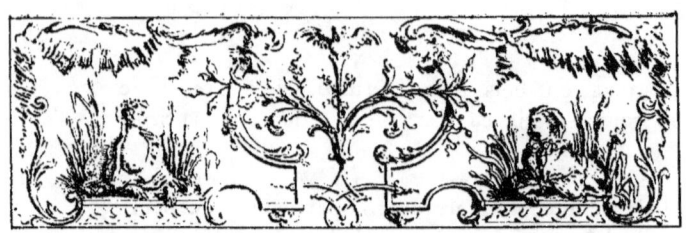

PENDULES

BRONZES D'ART ET D'AMEUBLEMENT

286 — Pendule religieuse en écaille incrustée de cuivre, petits vases et cadran en bronze doré. Signée : *Lebègue, à Paris*.

287 — Pendule en marqueterie d'écaille et d'étain sur cuivre, à décors de rinceaux. Cadran signé : *Duchesne, à Paris*. Époque Louis XIV.

288 — Pendule sur socle-applique Louis XIV, cuivre incrusté d'écaille et de nacre, surmontée d'une femme. Cadran en bronze doré.

289 — Pendule sur socle-applique en marqueterie de cuivre sur écaille ; garniture de bronzes : figurine d'enfant, char d'Amphitrite, chutes à mascarons, etc. Cadran signé : *Legay, à Paris*. Époque Louis XIV.

290 — Petite pendule en bronze doré, simulant un chêne au milieu duquel est placé le mouvement. Mouvement signé : *Roque, à Paris*. Époque Louis XV.

291 — PENDULE ET DEUX CANDÉLABRES, présentant, sur la pendule, un nègre armé d'un arc et d'un javelot, sur socle en bronze doré à guirlandes et d'un contre-socle en marbre blanc sculpté. Les candélabres formés par des négrillons portant les lumières. Époque Louis XVI.

292 — PENDULE en marbre blanc et bronze doré, à mouvement cantonné de quatre colonnettes et surmonté d'un petit vase de fruits. Cadran signé : *Poullet, à Paris*. Époque Louis XVI.

293 — GRANDE PENDULE en bronze doré, en forme de gros vase à anses doubles orné de guirlandes de lauriers ; ce vase repose sur une base oblongue sur laquelle sont assis, d'un côté, l'Amour, de l'autre, un enfant nu représentant le Dessin. Cadran signé : *Ferdinand Berthoud*. Époque Louis XVI.

Haut., 65 cent.

294 — PENDULE Louis XVI, le cadran surmonté d'une bacchante en bronze doré et porté par deux boucs chevauchant des Amours ; socle en marbre avec fixé en bronze doré. Cadran signé : *Gavelle l'Aîné, à Paris*. Époque Louis XVI.

295 — PENDULE en bois sculpté et doré, sur socle supporté par trois faunes, cadran surmonté de feuillages et grappes de raisin. Contre-socle avec deux vases. Époque Louis XVI.

296 — PENDULE-SQUELETTE en bronze doré, sur socle en marbre blanc. Époque Louis XVI.

297 — PENDULE en bronze doré et marbre blanc, sur socle décoré d'une frise de jeux d'amours et de feuillages. Le cadran est supporté par une colonnette et surmonté d'une aigle reposant sur un globe terrestre ; un lion est assis de chaque côté du cadran. Fin du xviiie siècle.

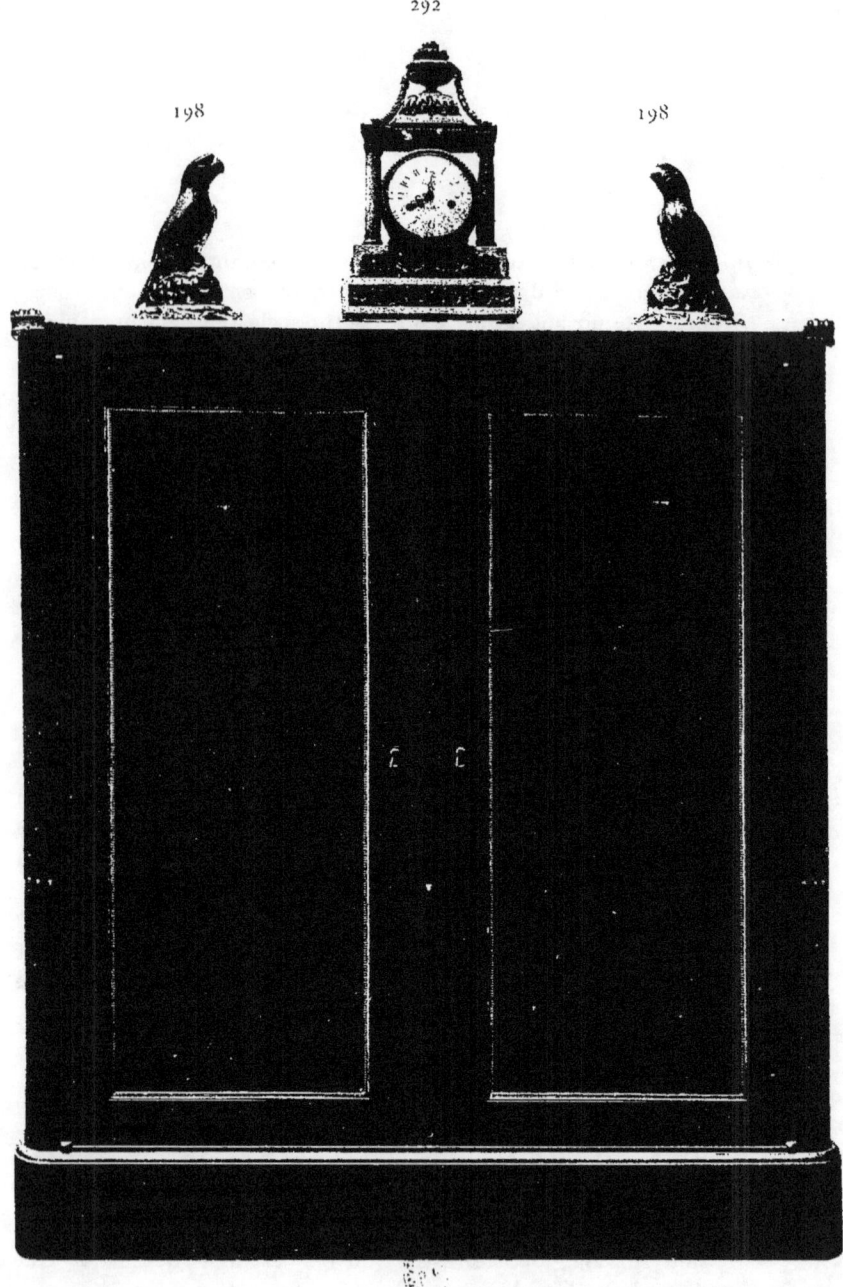

298 — GRANDE PENDULE en marbre blanc et bleu-turquin, garnie de bronzes patinés et dorés, à mouvement surmonté d'un aigle et compris dans un entablement décoré de deux anneaux et supporté par deux pilastres à cariatides et consoles renversées. Base ornée d'une frise de jeux d'amours. Époque Louis XVI.

299 — PENDULE analogue à la précédente.

300 — PAIRE DE CHENETS en bronze doré, à motifs rocaille. Époque Louis XV.

301 — PAIRE DE CHENETS en bronze doré, formés chacun d'un personnage de la Comédie italienne assis sur un motif rocaille. Époque Louis XV.

302 — PAIRE DE CHENETS en bronze doré, à galerie et pommes de pin. Époque Louis XVI.

303 — PAIRE DE CHENETS en bronze doré, ornés d'une galerie à colonnes et de deux chiens assis. Époque Louis XVI.

304 — PAIRE DE CHENETS en bronze doré, avec sphinx. Fin du XVIIIe siècle.

305 — PAIRE DE CANDÉLABRES, à quatre lumières, en bronze argenté, à balustres torses. Époque Louis XV.

306 — PAIRE DE CANDÉLABRES, à trois lumières, en bronze argenté, analogues aux précédents.

307 — PAIRE DE CANDÉLABRES, à quatre lumières, en bronze argenté ; bases rocaille, balustres et binets à feuilles d'eau. XVIIIe siècle.

308 — PAIRE DE GRANDS FLAMBEAUX en bronze argenté, à décors de motifs rocaille, de fleurs et de feuilles. Époque Louis XV.

309 — Deux paires de flambeaux en bronze argenté, à cannelures, rangs de perles et guirlandes. Époque Louis XVI.

310 — Paire de candélabres Louis XVI en bronze doré, surmontés d'un vase orné de guirlandes et de mascarons et composés de trois branches porte-lumières à feuilles d'acanthe.

Haut., 53 cent.

311 — Paire de flambeaux en bronze doré, à montants cannelés. Époque Louis XVI.

312 — Paire de flambeaux colonnettes en marbres blanc et noir; douilles et bordures en bronze doré. Fin du xviiie siècle.

313 — Candélabre en bronze doré, composé d'une statuette de femme à demi-nue, portant le bouquet de trois lumières, orné de fleurs; base en marbre blanc garni de bronze doré. Époque Louis XVI.

Haut., 58 cent.

314 — Paire de petits candélabres, de la fin de l'époque Louis XVI, formés d'une femme en bronze patiné, portant un vase d'où sortent trois branches de pavots porte-lumières; socles en bronze doré.

315 — Paire de candélabres, à quatre lumières, en bronze argenté, tiges à balustres. Époque Louis XVI.

316 — Deux paires de bras-appliques Louis XV, à deux lumières, en bronze doré, à figures d'amours sur des feuillages d'où naissent les branches porte-lumières.

317 — Paire de bras-appliques, à une lumière, en bronze doré : serpent et carquois. Époque Louis XVI.

318 — Paire d'appliques en bronze doré, à deux lumières, à guirlandes de laurier et surmontées d'un vase à draperie. Époque Louis XVI.

319 — Paire de cache-pot Louis XV en bronze argenté, à palmettes.

320 — Soupière, avec couvercle, en cuivre argenté, à décors de guirlandes de laurier et mufles de lions en relief. Fin de l'époque Louis XV.

321 — Coupe en bronze argenté, à anses ornées de feuilles d'acanthe, double fond en verre bleu. Fin du xviiie siècle.

322 — Jardinière en métal argenté, présentant une armoirie au milieu de branches de chêne. Époque Louis XV.

323 — Paire de coupes en bronze argenté, à anses têtes de béliers et bases à feuilles et rinceaux; double fond en verre bleu. Fin du xviiie siècle.

324 — Paire de vases Médicis en bronze, sur socle en marbre griotte et contre-socle en marbre noir. Époque Directoire.

325 — Lanterne d'antichambre en bronze et cristaux. Époque Louis XV.

326 — Lustre en cristal taillé, formé de fleurs de lys, grappes de raisins, plaquettes, guirlandes et pyramides; monture en bronze doré. xviiie siècle.

327 — Grand lustre en cristal taillé, plaquettes, rosaces, pyramides et gouttes d'eau; monture en bronze argenté. xviiie siècle.

328 — Grand lustre hollandais du xviie siècle, à dix-huit lumières.

329 — Sous ce numéro, plusieurs paires de flambeaux, candélabres, pelles et pincettes, appliques, etc. (Sera divisé.)

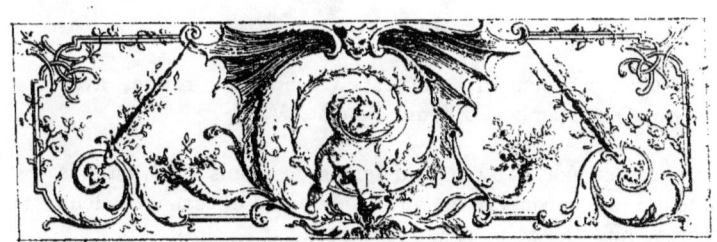

SIÈGES

PARAVENTS, ÉCRANS ET GLACES

330 — Deux fauteuils et deux chaises en bois doré Louis XVI, couverts en soie.

331 — Canapé en bois sculpté et doré, à cannelures, perles, raies de cœur, de l'époque Louis XVI, couvert en velours vert.

332 — Bergère en bois sculpté et peint, de l'époque Louis XVI, couverte en soie.

333 — Bergère en bois naturel sculpté. Epoque Louis XV.

334 — Deux fauteuils à dossier médaillon, couverts en soie. Époque Louis XVI.

335 — Deux fauteuils, à dossier médaillon, en bois laqué blanc, couverts en tapisserie au point, à fleurs, du temps de Louis XVI.

336 — Grand canapé-baignoire en bois naturel. Époque Louis XVI.

337 — FAUTEUIL DE BUREAU, couvert en maroquin rouge, avec croisillon d'entrejambes. Époque Louis XV.

338 — PETIT MOBILIER DE SALON, du temps de Louis XVI, en bois sculpté, laqué, recouvert de soie, composé d'un canapé, deux bergères, huit fauteuils et un tabouret.

339 — CANAPÉ ET QUATRE FAUTEUILS VARIÉS en bois sculpté, du temps de Louis XV, à fleurettes et rocailles, couverts en lampas à grosses feuilles sur fond jaune.

340 — CANAPÉ à deux places en bois naturel et capitonné. Époque Louis XV.

341 — GRAND FAUTEUIL en bois sculpté, de l'époque Régence, couvert de velours.

342 — PARAVENT à six feuilles, peintes sur toile à sujets de style chinois, avec médaillons; bustes à la partie supérieure et paysages en grisaille dans le bas. Travail hollandais du XVIIIe siècle.

343 — PARAVENT à quatre feuilles en laque à double face; sujets chinois. Époque Louis XV.

344 — ÉCRAN en bois sculpté à palmettes, feuillages et quadrillés, feuille en tapisserie présentant un vase de grosses fleurs. Epoque Régence.
Haut., 1 mètre; larg., 67 cent.

345 — PETITE GLACE, avec cadre en bois sculpté et laqué. Époque Louis XV.

346 — PETIT TRUMEAU, formé d'une glace, dans un cadre en bois doré à gros motifs rocaille.

347 — Glace dans un cadre en bois sculpté et doré, à fronton ajouré; décors de bouquets de fleurs et guirlandes. Époque Louis XV.

Haut., 2 m. 15 cent.; larg., 1 m. 25 cent.

348 — Petite glace, cadre en bois sculpté, rang de perles et de feuilles. Époque Louis XVI.

Haut., 1 m. 6 cent.; larg., 56 cent.

349 — Trumeau laqué blanc et or en bois sculpté, avec panneau représentant des amours jouant, peint au camaïeu. Époque Louis XVI.

Haut., 1 m. 95 cent.; larg., 1 m. 5 cent.

350 — Deux petits miroirs en métal argenté. xviiie siècle.

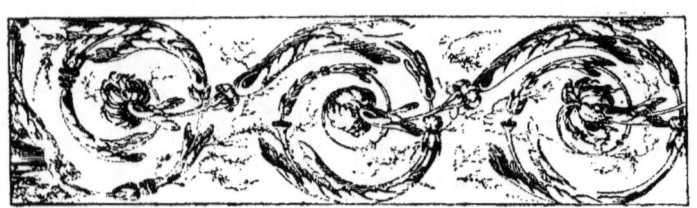

MEUBLES

351 — Poudreuse, marqueterie à damiers. Époque Louis XV.

352 — Bureau plat, dans le style de *Boule*, à quatre faces, en bois noir à filets de cuivre; chutes, sabots, entrées de serrure, poignées en bronze. Époque Louis XIV.
Larg., 1 m. 45 cent.; prof., 75 cent.

353 — Console en bois sculpté et doré, à quatre pieds cambrés, décorée sur la ceinture d'un mascaron et de feuillages; tablette de marbre vert campan. Époque Louis XIV.
Larg., 1 m. 5 cent.; prof., 51 cent.

354 — Table de milieu en bois sculpté et doré, décorée sur la ceinture de rinceaux et de cygnes; pieds formés de carquois. Époque Louis XVI.
Larg., 1 m. 12 cent.; prof., 60 cent.

355 — Petit guéridon à un pied en acajou, à crémaillère; dessus en porphyre. Époque Louis XVI.

356 — Console en bois sculpté peint marron et doré, à ceinture ornée d'une palmette et sur deux pieds reliés par une traverse; dessus de marbre ranz. Époque Louis XIV.
Larg., 1 m. 28 cent.; prof., 65 cent.

357 — PETITE TABLE-CHIFFONNIÈRE en bois de placage, à trois tiroirs, planchette à écrire sur le devant et un tiroir sur le côté. Époque Louis XVI.

358 — PETITE TABLE en marqueterie, à trois tiroirs; dessus de marbre, tablette d'entrejambes. Époque Louis XV.

359 — VITRINE à quatre glaces en bois doré, sur piétements à entrejambes, de style Louis XV.

360 — TRÈS PETITE TABLE RECTANGULAIRE, à quatre pieds, à un tiroir et planchette d'entrejambes; dessus de marbre. Époque Louis XV.

361 — COMMODE DEMI-LUNE en marqueterie, trois tiroirs; dessus de marbre. Époque Louis XVI.

362 — GRAND GUÉRIDON ROND, à un pied, à bascule, en acajou et cuivres; au centre du plateau, rosace incrustée de bois et de métal. Époque Louis XVI.

Diam., 88 cent.

363 — PETITE TABLE OVALE, à trois tiroirs, en bois de placage; dessus de marbre, galerie de cuivre, pieds cambrés, tablette d'entrejambes. Époque Louis XVI.

364 — TABLE analogue à la précédente.

365 — AUTRE TABLE analogue à la précédente.

366 — CONSOLE en bois sculpté et doré, à ornements rocailles ajourés; traverse reliant les pieds. Époque Régence.

Larg., 1 m. 5 cent.; prof., 55 cent.

367 — PETITE TABLE DE MILIEU, de forme contournée, à tiroir, bois de placage, garniture de bronze, tablette de marbre. Époque Louis XV.

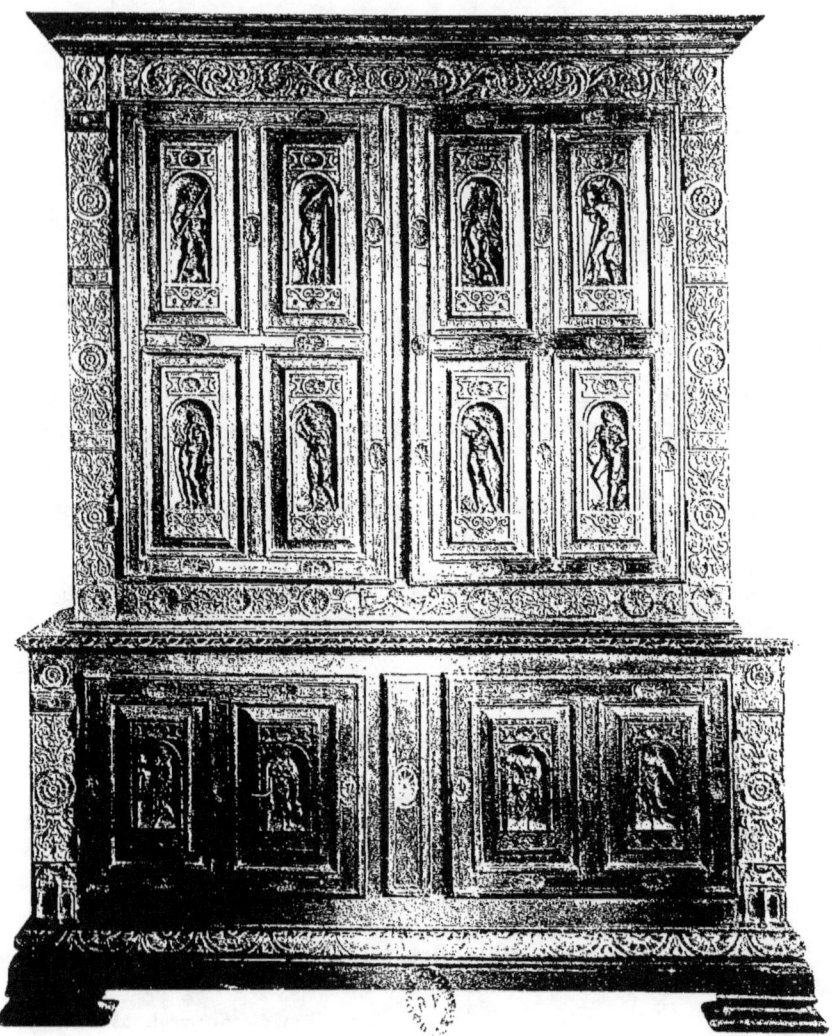

377

368 — Console en acajou, à un tiroir et à quatre pieds cannelés, tablette d'entrejambes avec marbre, galerie de cuivre; dessus de marbre. Époque Louis XVI.

Larg., 1 m. 10 cent.; prof., 35 cent.

369 — Petite poudreuse en bois de placage, du temps de Louis XV, à trois tiroirs et une tablette à écrire, pieds cambrés.

370 — Vitrine, ouvrant à deux portes, à hauteur d'appui, en bois de placage, ornée de chutes, encadrements, sabots et d'un grand motif en bronze; dessus de marbre. Style Louis XV.

371 — Poudreuse en bois de placage, à trois tiroirs et tablette à écrire, pieds cambrés. Époque Louis XV.

Larg., 80 cent.; prof., 48 cent.

372 — Poudreuse en bois de placage et marqueterie; au centre, attributs de musique; à trois tiroirs et tablette à écrire. Époque Louis XVI.

Larg., 80 cent.; prof., 45 cent.

373 — Table a thé en chêne sculpté, pieds cambrés. En partie de l'époque Louis XV.

Larg., 74 cent.

374 — Meuble a hauteur d'appui en acajou, s'ouvrant à deux portes, montants cannelés, orné de baguettes de bronze et d'une galerie de cuivre; tablette de marbre blanc. Signé: *Canabat*. Époque Louis XVI.

Haut., 1 m. 13 cent.; larg., 1 mètre; prof., 45 cent.

375 — Vitrine a hauteur d'appui en bois de placage, ornée de bronzes.

376 — Casier a musique Empire en acajou.

377 — GRAND MEUBLE, à deux corps, en chêne sculpté, fermant à quatre portes; les vantaux sont décorés de douze petites niches contenant, en bas-reliefs, les divinités de l'Olympe et des figures allégoriques, montants ornés de rosaces et de rinceaux; il est daté de *1598*. Fin du xvie siècle.

Haut., 2 m. 35 cent.; larg., 1 m. 73 cent.; prof., 61 cent.

378 — CONSOLE en bois sculpté peint marron et doré, ceinture et traverse d'entrejambes formées de motifs rocailles; tablette de marbre ranz. Époque Régence.

Haut., 90 cent.; larg., 1 mètre; prof., 63 cent.

379 — PETITE DESSERTE en acajou, à quatre pieds cannelés et à tablette d'entrejambes, galerie et filets de cuivre; dessus en marbre blanc; à un tiroir. Époque Louis XVI.

Larg., 80 cent.; prof., 32 cent.

380 — CONSOLE DEMI-LUNE en bois sculpté, à ceinture ornée de rosaces dans les entrelacs; elle repose sur deux pieds cannelés; tablette en marbre ranz. Époque Louis XVI.

Larg., 90 cent.

381 — PSYCHÉ en acajou, à deux colonnes ornées de chapiteaux en bronze doré. Époque Empire.

382 — COMMODE en acajou, à cinq tiroirs, ornée de cuivres; dessus de marbre. Époque Louis XVI.

Larg., 1 m. 25 cent.; prof., 57 cent.

383 — CHIFFONNIER en bois de rose et quatre filets d'amaranthe, de forme légèrement cintrée; deux séries de tiroirs à la partie supérieure et trois grands tiroirs à la partie inférieure; entrées de serrure, anneaux et sabots en bronze doré; dessus de marbre ranz; meuble d'une belle qualité d'ébénisterie. Signé : *L. Boudin et P. Denizot*. Époque Louis XVI.

Haut., 1 m. 23 cent.; long., 95 cent.; prof., 54 cent

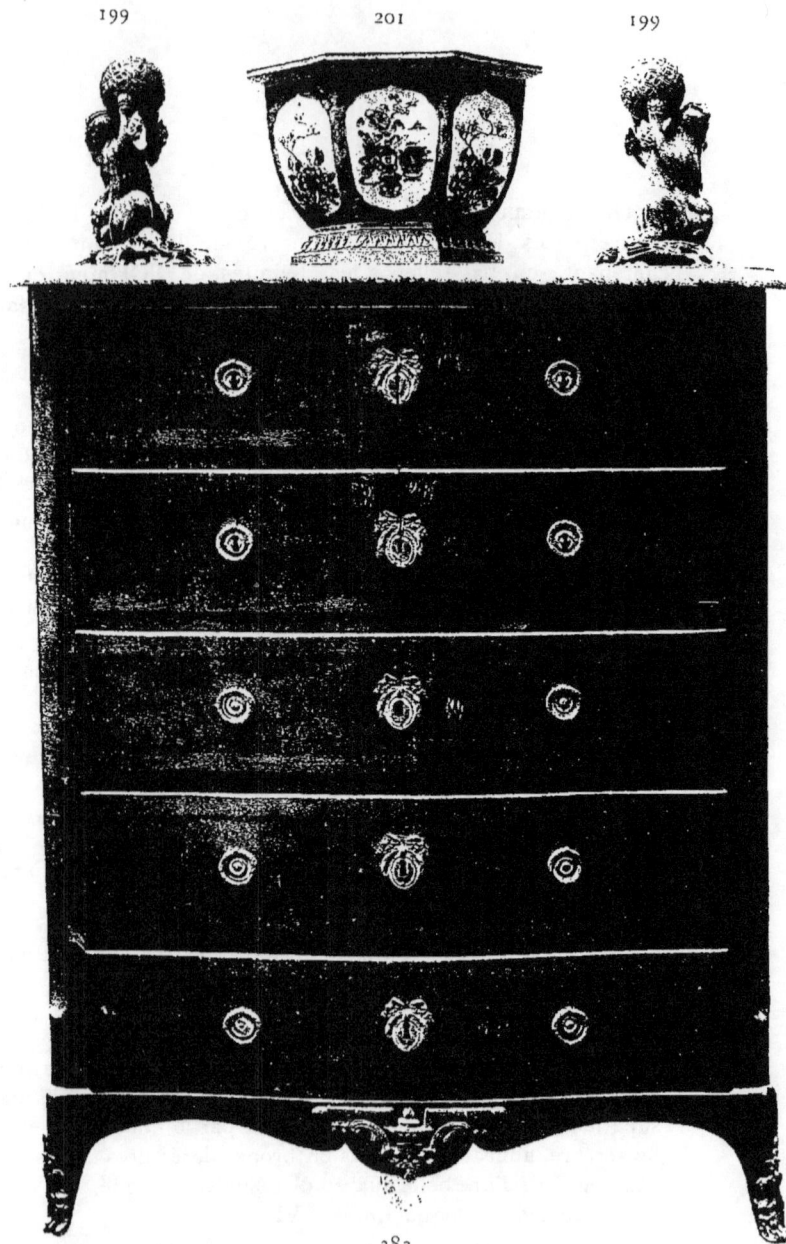

384 — Petit bureau bonheur-du-jour en acajou, à portes, tiroirs et glaces au corps supérieur ; dessus de marbre brocatelle. Époque Louis XVI.
Larg , 63 cent.; prof., 38 cent.

385 — Encoignure, à deux portes, en bois de placage, à quadrillés; dessus de marbre ranz. Époque Louis XV.

386 — Secrétaire droit, à abattant, en acajou, orné de cuivres et de bronzes; tablette marbre. Époque Louis XVI.
Larg., 93 cent.; prof., 38 cent.

387 — Table de nuit ovale en acajou, à coulisse, à quatre pieds reliés par une tablette, galerie de cuivre; dessus de marbre. Époque Louis XVI.

388 — Table a ouvrage, à trois tiroirs, en bois de placage; dessus de marbre blanc, galerie de cuivre. Fin de l'époque Louis XV.

389 — Table de nuit carrée en bois de placage, à coulisse ; tablette marbre et planchette d'entrejambes.

390 — Bureau plat en acajou, à cinq tiroirs, filets de cuivre, à quatre faces. Époque Louis XVI.
Larg., 2 m. 5 cent.; prof., 56 cent.

391 — Lit en bois sculpté, laqué blanc, pieds cannelés. Époque Louis XVI.

392 — Table-toilette en acajou, à trois tiroirs, dessus s'ouvrant à charnières; à l'intérieur, tablette de marbre et glace; filets de cuivre et ornée de bronze. Époque Louis XVI.
Larg., 90 cent.; prof., 50 cent.

393 — Table vide-poche en acajou, à deux pieds à lyre, tablette de marbre encastrée, deux tiroirs. Époque Empire.

394 — Petite bibliothèque à hauteur d'appui en acajou, à une porte vitrée, ornée de bronze et baguettes de cuivre ; dessus de marbre. Époque Louis XVI.

Larg., 63 cent.; prof., 37 cent.

395 — Armoire de poupée en noyer sculpté, s'ouvrant à deux portes, entrées de serrures et charnières en fer forgé. Époque Louis XIV.

Haut., 80 cent.; larg., 68 cent.; prof., 45 cent.

396 — Bahut en bois sculpté, du xviie siècle.

Haut., 83 cent.; larg., 30 cent.

397 — Coffre en bois sculpté. Daté : *1614*.

Larg., 72 cent.; prof., 40 cent.

398 — Table a jeu pliante en marqueterie de bois de couleur : vase de fleurs, oiseaux et rinceaux. Travail hollandais, xviiie siècle.

399 — Servante en acajou, formée d'un plateau posé sur un support en X, se pliant. Fin du xviiie siècle.

400 — Grande armoire en chêne sculpté à rinceaux, entrées de serrures et charnières en fer forgé. Époque Louis XIV.

Haut., 2 m. 60 cent.; larg., 1 m. 60 cent.; prof., 70 cent.

401 — Armoire analogue à la précédente.

Haut., 2 m. 40 cent.; larg., 1 m. 50 cent.; prof., 55 cent.

402 — Autre armoire analogue à la précédente.

Haut., 2 m. 45 cent.; larg., 1 m. 58 cent.; prof., 60 cent.

403 — Commode Louis XV, à trois rangs de tiroirs, en bois de rose et de violette, à filets, chutes et poignées de bronze; tablette en marbre ranz.

404 — Commode Louis XV en chêne, à trois rangs de tiroirs, garnitures de bronze; tablette de marbre ranz.

405 — Commode en acajou, ornée de cuivre, à montants cannelés; dessus de marbre. Époque Louis XVI.

406 — Cabinet en bois noir, décoré intérieurement de peintures à sujets de paysages animés. Travail hollandais du xviiie siècle.

407 — Table a jeu en acajou, ornée de cuivre. Époque Louis XVI.

408 — Deux petites consoles en acajou, ornées de cuivre, avec tablettes d'entrejambes; dessus de marbre. Époque Louis XVI.

409 — Console demi-lune en bois sculpté, peint marron et doré, à quatre pieds cannelés, ornée de guirlandes, traverses d'entrejambes, avec un vase de fleurs; dessus de marbre. Époque Louis XVI.

410 — Console en bois sculpté, peint marron et doré, à quatre pieds cannelés, traverse d'entrejambes avec vase orné de guirlandes; dessus de marbre. Époque Louis XVI.

411 — Table Henri II en chêne, à pieds tors.

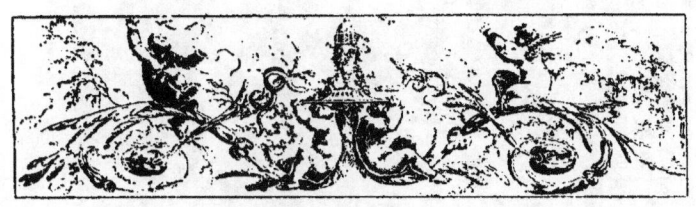

TAPISSERIES ANCIENNES

TAPIS ET ÉTOFFES

412 — Ancienne tapisserie d'Aubusson, présentant au centre, sur un rocher, un kiosque chinois, au milieu d'un jardin, dans le fond duquel on aperçoit des maisons et des pagodes. Grands oiseaux et draperies rouges complètent l'ensemble de cette tapisserie. Époque Louis XV.

Haut., 2 m. 10 cent.; larg., 4 m. 85 cent.

413 — Petite tapisserie des Flandres : une ville fortifiée entourée d'eau. Au premier plan, oiseaux de mer et coquillages.

Haut., 3 mètres ; larg., 1 m. 30 cent.

414 — Fragment de verdure agrémenté d'oiseaux.

Haut., 2 m. 20 cent.; larg., 1 m. 25 cent.

415 — Plusieurs tapis de pied et carpettes anciens et modernes de la Perse et autres. (Sera divisé.)

416 — Un lot de soieries anciennes, de l'époque de Louis XV, fond rose à grands ramages, fleurs, etc. (Sera divisé.)

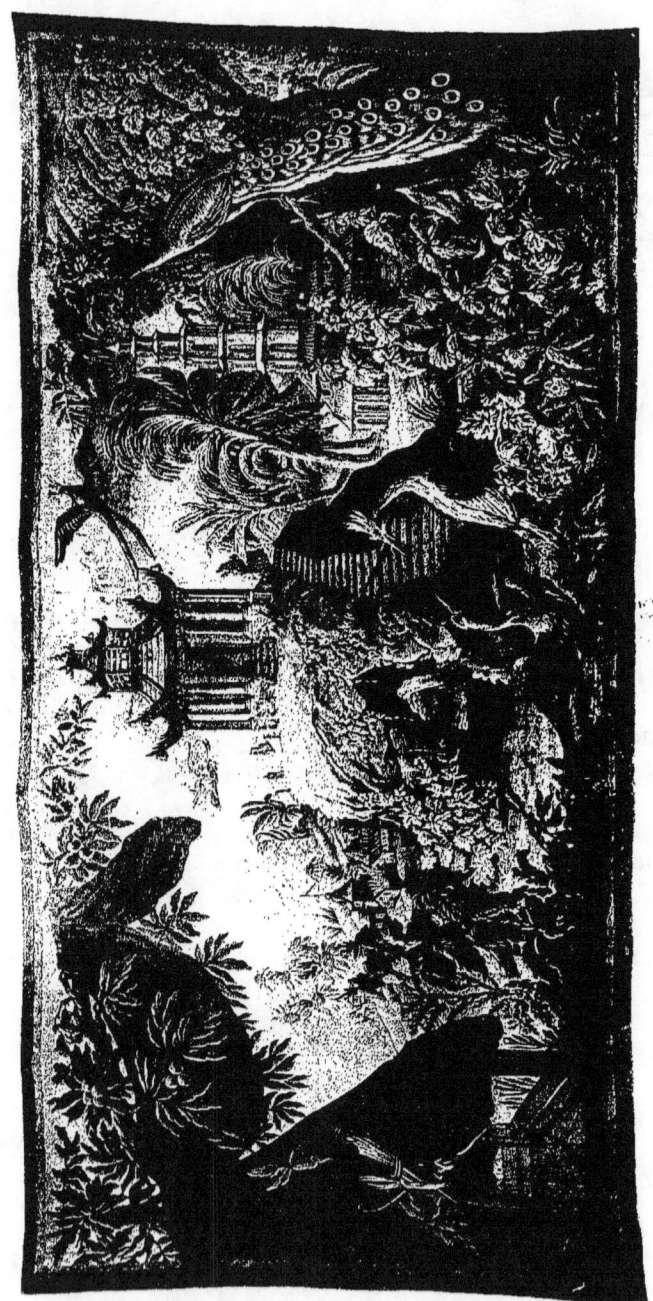

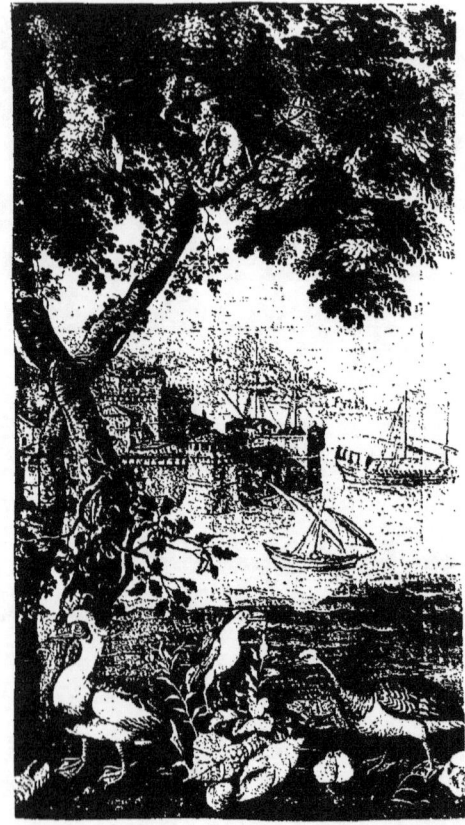
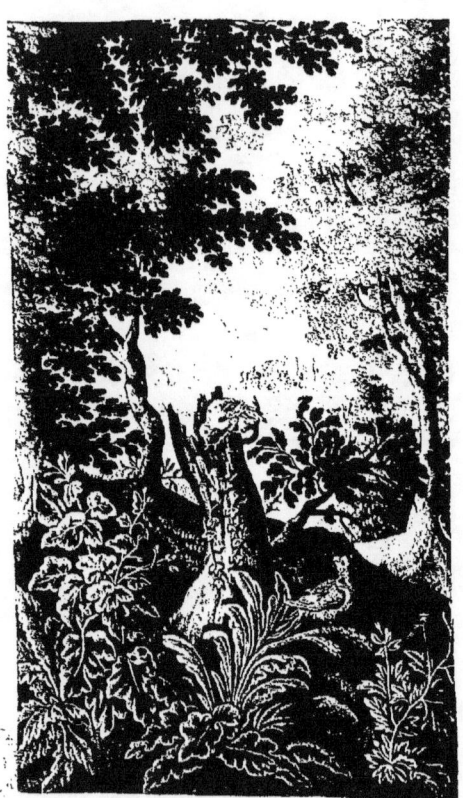

413
414

Phototypie Berthaud, Paris.

417 — Sous ce numéro : fragments d'étoffes anciennes et modernes, velours, cretonnes, dessus de piano, tapis de table, rideaux, portières, franges et galons, cachemire des Indes, etc., (Sera divisé.)

418 — Objets non catalogués.

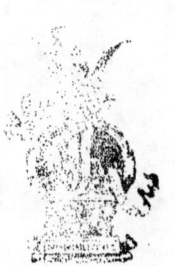

www.ingramcontent.com/pod-product-compliance
Lightning Source LLC
Chambersburg PA
CBHW070218230526
45471CB00002B/970